1. Wir hängen unsere Jacken an die Tafel.
2. Wenn wir lernen, sitzen wir auf dem Tisch.
3. Spiele und Bücher legen wir unter die Regale zurück.
4. Abfälle werfen wir in den Klassenraum.
5. Ein Kind malt nach dem Unterricht die Tafel ab.
6. Wir kämpfen mit allen Kindern in der Klasse.
7. Nach dem Unterricht stellt jeder den Lehrer auf den Tisch.
8. Wir lassen alle Kinder ausschlafen.
9. Jedes Kind meldet sich, wenn es nichts sagen möchte.
10. Ein Kind gießt die Fenst

Sprecht über diese Regeln.

Setze die richtigen Wörter ein.

Blumen - ausreden - etwas - spielen - wischt - Stuhl - Papierkorb - Haken - in - Stuhl

Schreibt alle Regeln, die in eurer Klasse gelten, auf einen großen Bogen.
Hängt ihn an die Wand.
Was geschieht, wenn Kinder gegen diese Regeln verstoßen?

Name: ____________________ AB 2

Wir bauen unser Klassenzimmer

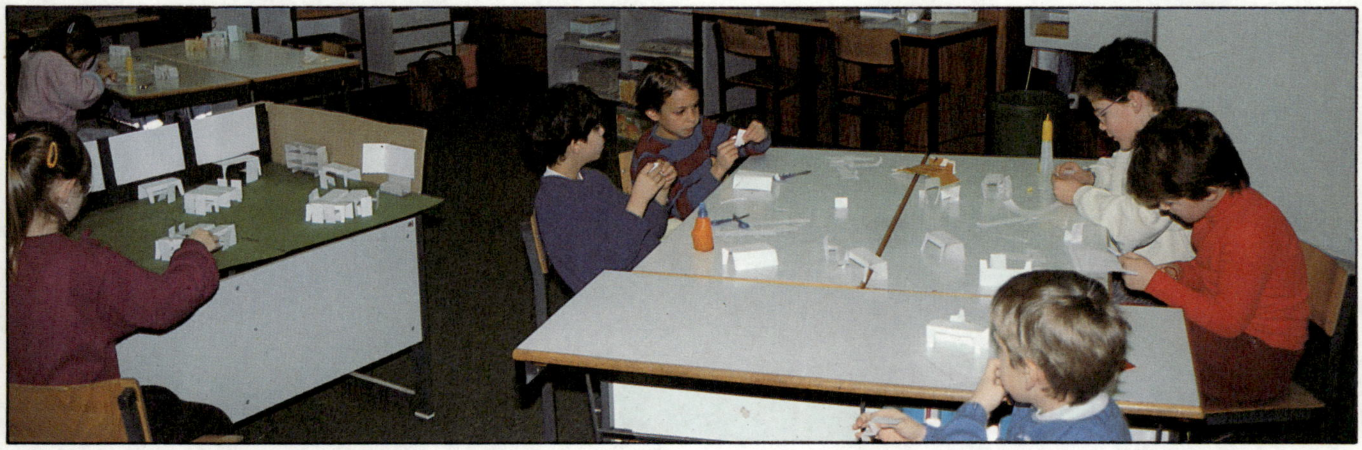

Klebt die Zeichnung auf ein Stück Karton.
Schneidet den durchgezogenen Linien nach.
Wenn ihr die gestrichelten Linien knickt, entstehen zwei Stühle und ein Tisch.
Schränke und Regale lassen sich leicht aus kleinen Schachteln herstellen.

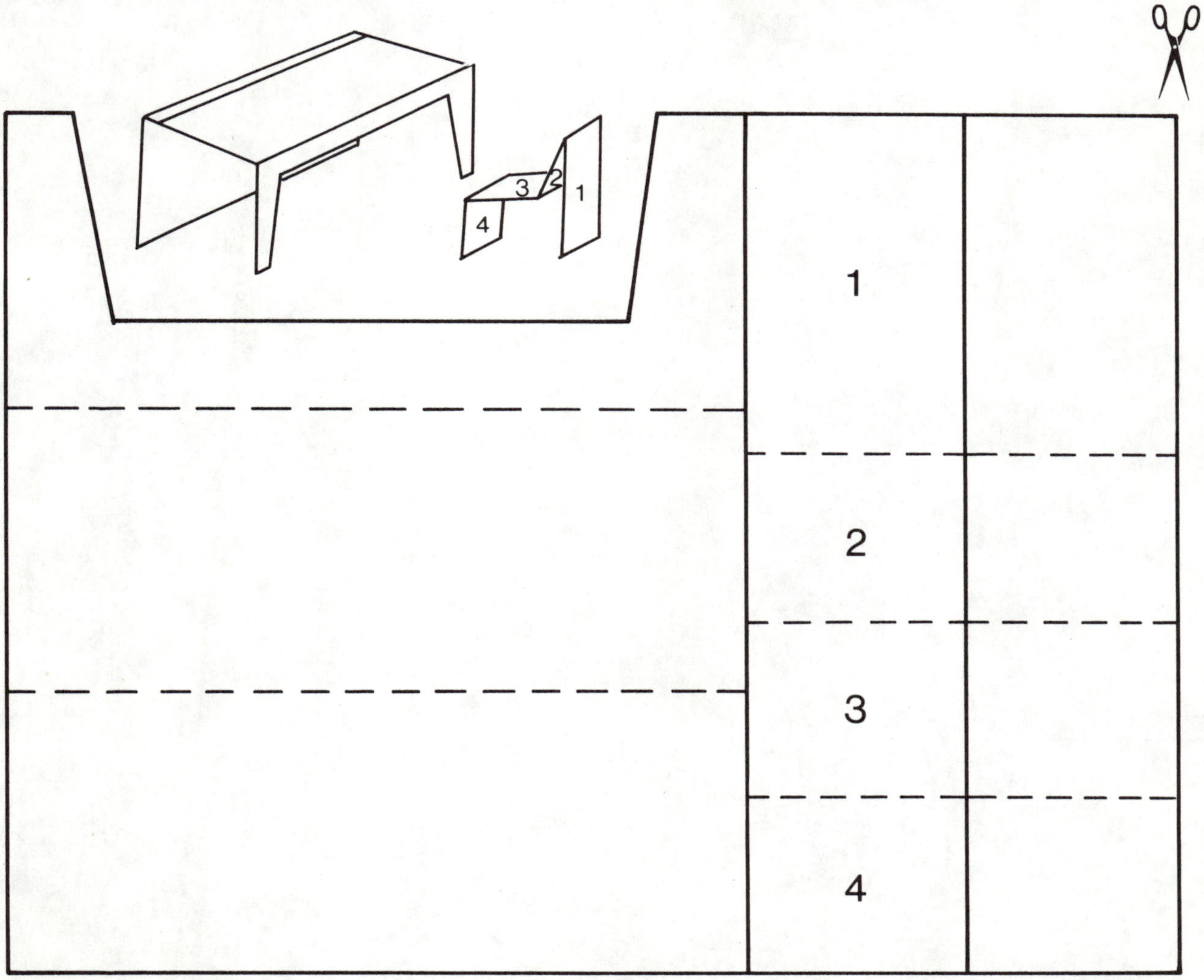

Ordnet auf einem Bogen Tonpapier Tische, Stühle und Schränke wie in der Wirklichkeit an. Zeige am Modell: Das ist der Platz meines Freundes, dort sind die Fenster . . .
Ihr könnt die Möbel auch anders aufstellen.
Welche Lösung gefällt euch am besten?

Name: ______________________ **AB 3**

Mit anderen Verkehrsteilnehmern unterwegs

Schneide die Bilder der Verkehrsteilnehmer aus und klebe sie in die Zeichnung ein.
Einige kannst du an verschiedenen Stellen einkleben. Begründe.

Name: ______________________ **AB 4**

Welches Spiel an welchem Ort?

Schreibe die Zahlen in die Kreise.

Name: ____________________ AB 5

Mit Zeichen sprechen

Verkehrsteilnehmer können sich mit verschiedenen Zeichen verständigen:

① sie sehen sich an;

② sie geben Zeichen mit der Hand;

③ sie geben Zeichen, die zu hören sind;

④ sie geben Lichtzeichen.

In den Beispielen benutzen die Verkehrsteilnehmer mehrere Zeichen. Trage die richtigen Zahlen in die Kreise ein.

Male alle Verkehrsteilnehmer aus:
- grün, die sich verständigt haben,
- rot, die sich noch verständigen müssen.

Name: ______________________ AB 6

Rechts – links – geradeaus

Schneide die Wortkärtchen aus.
Beschreibe mit ihnen den Weg von Iris zu Olaf. Lege die Kärtchen in der richtigen Reihenfolge auf den Tisch.
Wie geht Anja, wenn sie Markus besuchen möchte?

Legt die Kärtchen verdeckt hin und zieht vier heraus. Wohin gelangt ihr, wenn der Weg an der Post beginnt?

Peter hat folgende Kärtchen hingelegt: links - rechts - links - links.
Er steht jetzt vor der Kirche. Bestimme seinen Ausgangspunkt.

rechts	links	geradeaus	rechts	links	geradeaus
rechts	links	geradeaus	rechts	links	geradeaus
rechts	links	geradeaus	rechts	links	geradeaus

Name: ______________________ **AB 7**

Messer, Gabel, Schere, Licht . . .

Sieh dir das Bild genau an. Klebe ein Achtungsschild hin, wo Gefahr droht.
Suche passende Wörter aus und klebe sie unter das Achtungsschild.
Wie können die Kinder Verletzungen vermeiden?
Auf einer Karte ist keine Gefahr angegeben. Fülle sie passend zum Bild aus.

FEUER	WASSER	STROM	GAS	STURM	HITZE	STURZ	MESSER	SPITZE	

Unsere Kleidung

Name: ______________________

Welche Kleidung paßt zu welchem Wetter? Ordne zu und male an!

Schneidet Kleidungsstücke aus Katalogen und Zeitschriften aus.
Klebt sie nach dem Wetter geordnet auf.

Untersucht und vergleicht verschiedene Kleidungsstücke. Die Bilder geben euch Hinweise.

Antworte mit ja oder nein.
Überlege, was du noch untersuchen kannst.

	läßt Wasser durch?	läßt Wind durch?	
Anorak			
Bluse			
Pullover			
Mantel			

Kommst du auf 🟢, darfst du vier Felder vorsetzen. Warum?
Sage bei 🔴, was die Kinder falsch machen. Stelle es richtig.
Findest du keine Lösung, mußt du einmal aussetzen.
Wer ist zuerst in der Turnhalle?

Name: ______________________

Ein gutes Schulfrühstück

Was hat Petra diese Woche zum Schulfrühstück gegessen?

Fahre den Weg zum Frühstückstisch nach.
Schreibe auf, was Petra diese Woche gegessen hat.
Was ißt du am Montag, Dienstag . . . ?

Name: ______________________ AB 11

Ein Weg zur gesunden Ernährung

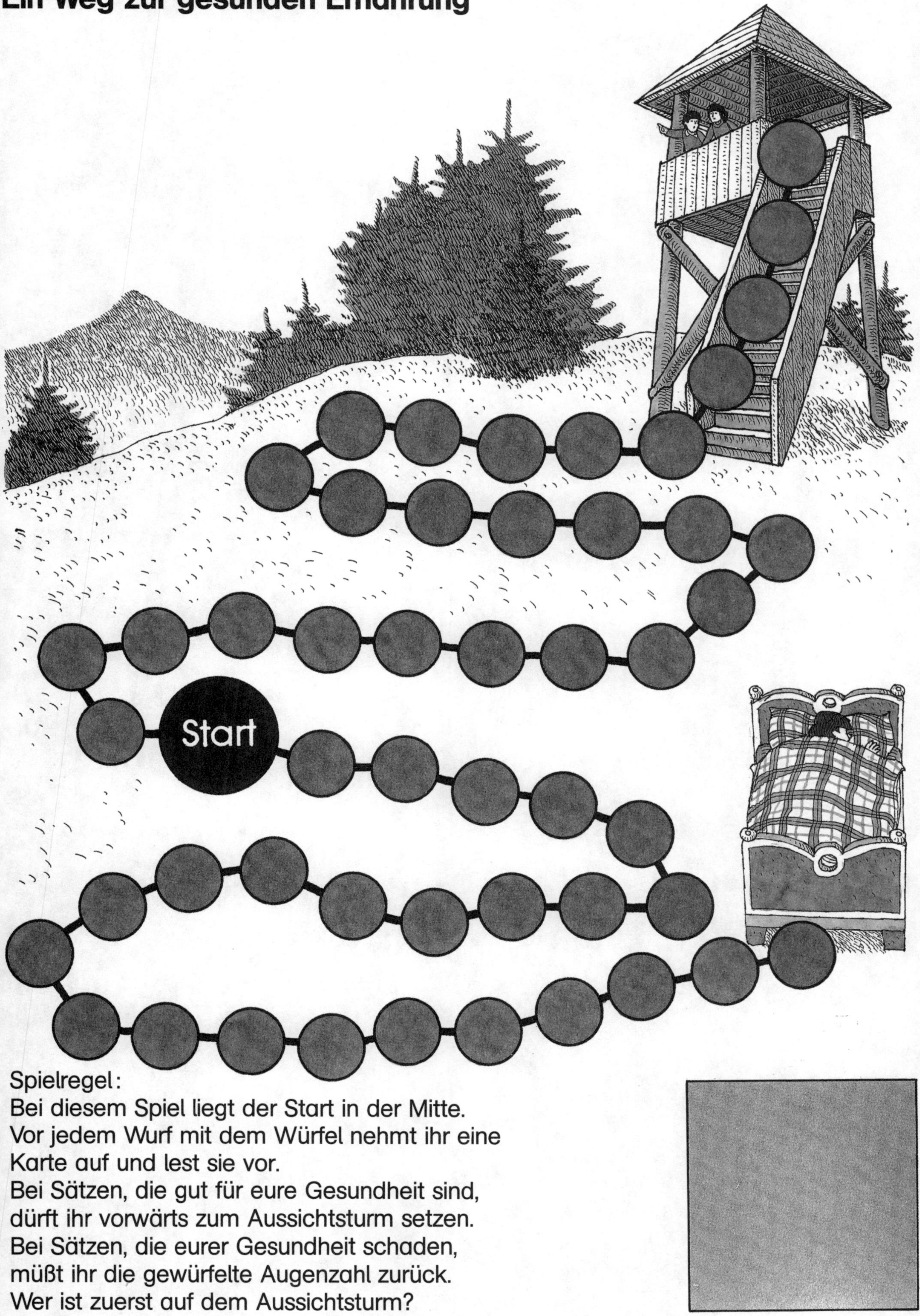

Spielregel:
Bei diesem Spiel liegt der Start in der Mitte.
Vor jedem Wurf mit dem Würfel nehmt ihr eine Karte auf und lest sie vor.
Bei Sätzen, die gut für eure Gesundheit sind, dürft ihr vorwärts zum Aussichtsturm setzen.
Bei Sätzen, die eurer Gesundheit schaden, müßt ihr die gewürfelte Augenzahl zurück.
Wer ist zuerst auf dem Aussichtsturm?

Name: ______________________ AB 12

Rohkostsalat – köstlich und gesund!

Gurke, Weißkohl, Möhre, Paprika, Kartoffel,
Mais, Endivie, Kohlrabi, Rettich, Tomate

Wie heißen diese Gemüse?
Wie schmecken sie?
Probiere einige. Kaue gut!

Welche Rohkostsalate lassen
sich damit zubereiten?
Nicht alle Gemüse eignen sich.

Welche Gemüse kannst du mit diesen Geräten zerkleinern?
Schreibe ihre Namen in die Schüsseln.

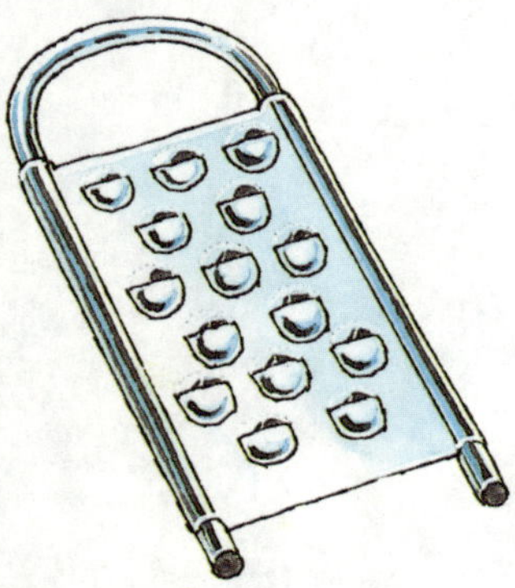

____

____

____

____

Mit Essig, Öl, Salz, Zucker, Pfeffer, Zwiebeln, Schnittlauch ... könnt ihr feine Salatsoßen machen.

Vom Korn zum Brot

Name: ______________________ **AB 13**

Wie heißen diese Getreide?

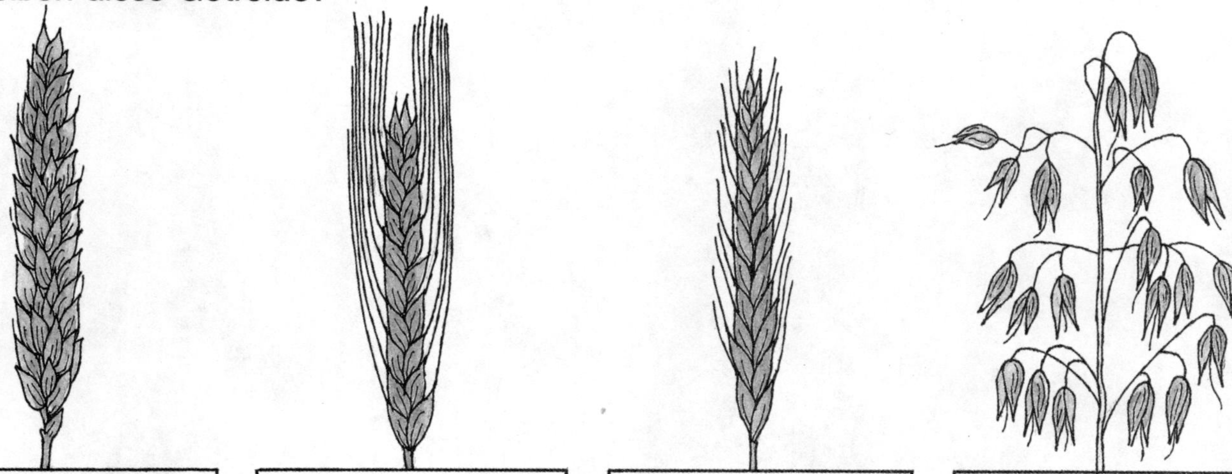

Sieh dir ihre Körner an und klebe jeweils eines ein.

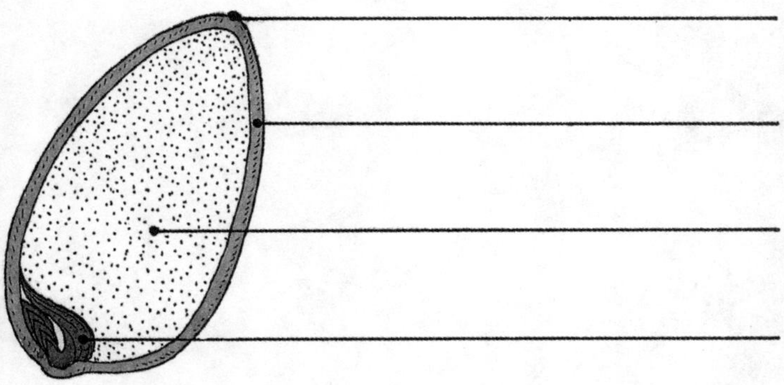

Schneide ein Korn der Länge nach auf und betrachte es unter der Lupe. Was kannst du erkennen? Schreibe auf die Linien diese Wörter:

Keim, Kleieschicht, Mehlkern, Schale.

Versucht einmal, Mehl herzustellen.
Ihr braucht dazu Körner, ein Sieb, Mörser oder Steine. Vielleicht könnt ihr eine Getreidemühle beschaffen.
Aus dem Mehl backen wir Brötchen. Die Zutaten reichen für acht Stück.

25 g Hefe
¼ l handwarmes Wasser
½ Teelöffel Salz
300 ccm selbstgemahlenes Weizenmehl
300 ccm gekauftes Weizenmehl

– Die Hefe in etwas Wasser auflösen.
– Den Rest Wasser und das Salz dazugeben.
– Das Mehl mit dem Meßbecher abmessen und einrühren, ungefähr 50 ccm aufheben.
– Den Teig an einem warmen Platz zugedeckt zwei Stunden gehen lassen.
– Kuchenblech einfetten.
– Den Teig mit dem restlichen Mehl verkneten.
– Brötchen formen und aufs Blech legen.
– Diese eine halbe Stunde unter einem Handtuch gehen lassen.
– Den Backofen auf 225 Grad einstellen.
– 15 - 20 Minuten backen.

Viele Nahrungsmittel werden aus Getreide hergestellt.
Sammelt Bilder von Backwaren und klebt sie auf.

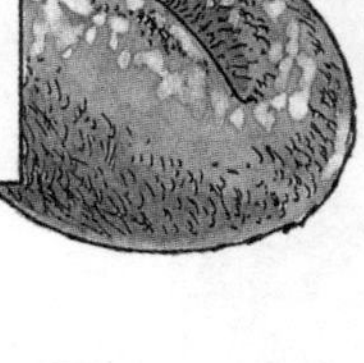

Name: ______________________ **AB 14**

Laubbäume und Nadelbäume

Schneide die Kärtchen auseinander. Ordne den Bäumen Blätter und Früchte zu.
Schreibe die Namen auf.
Bevor du die Kärtchen aufklebst, kannst du mit ihnen Memory spielen.

Tiere in unserer Umgebung

Beschreibe und benenne die verschiedenen Lebensräume. Welche Tiere kommen dort vor? Bezeichne mit den Anfangsbuchstaben, wo sie leben.

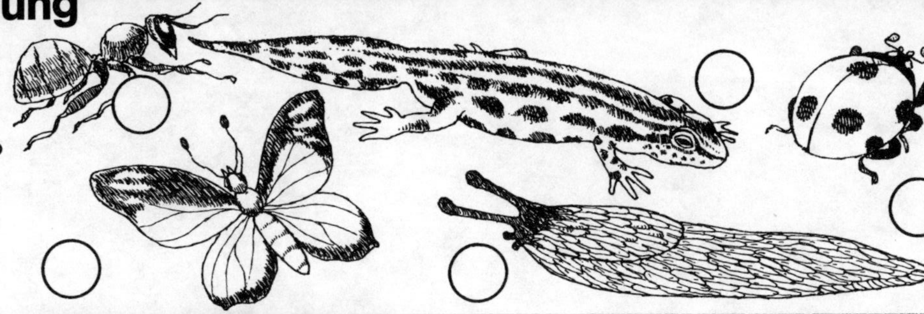

Welche Lebensräume triffst du in der Umgebung deiner Schule an? Welche Tiere hast du dort schon gesehen? Male an!

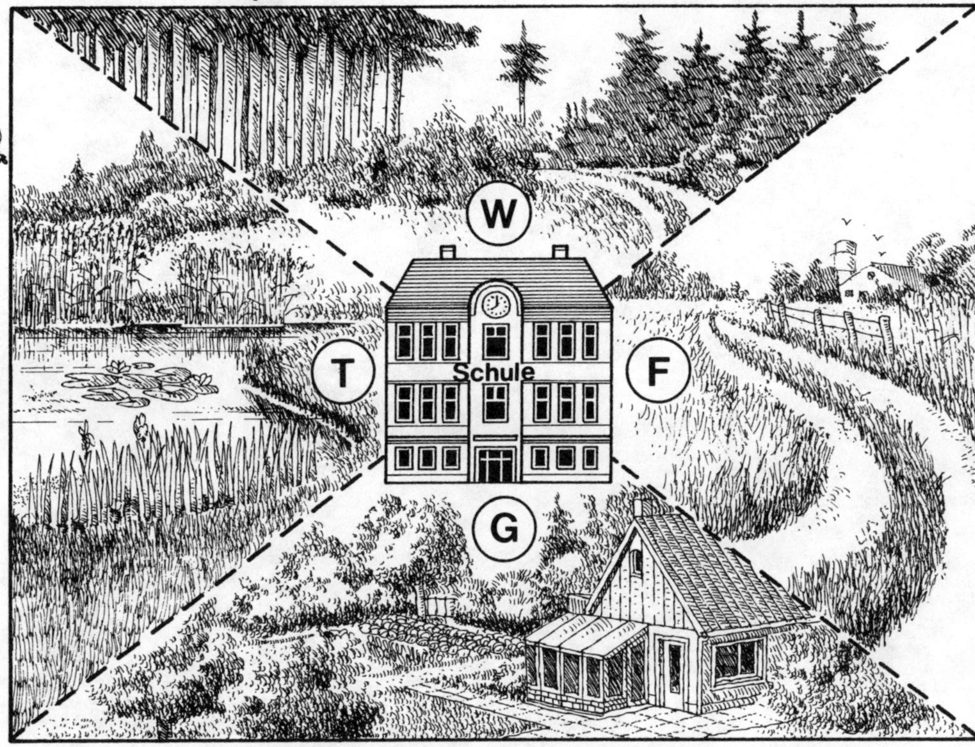

Beobachtet Tiere in der Umgebung der Schule. Wie heißen sie? Seht in Büchern nach und sammelt Bilder von ihnen.

Versucht herauszufinden,
- wie die Tiere leben,
- was sie fressen,
- wie sie sich fortbewegen . . .

Name: ______________________ **AB 16**

Wir verteilen die Arbeit

Zu Hause gibt es viel zu tun.
Wer soll die Aufgaben übernehmen?
Male die Kästchen an: Kinder – grün, Vater – blau, Mutter – rot.

Vergleicht eure Blätter und überlegt, warum ihr sie unterschiedlich ausgefüllt habt.

Name: ______________________ **AB 17**

Viele Handwerker bauen ein Haus

Setze zusammen und trage ein!

bau - Bo - Dach - dek - den - er - Elek - Flie - ger - ger - Gip - Gla - Hei - ker - ker - Klemp - le - le - ler - Ma - mann - Mau - mer - mon - ner - rer - sen - ser - ser - teur - tri - Zim - zungs

Wer macht was? – Zeige mit Linien an, wo sie etwas am Haus gearbeitet haben.

In welcher Reihenfolge müssen die Handwerker arbeiten? – Numeriere ①②③...

Name: ______________________ **AB 18**

Was müssen die Arbeiter der Post tun, damit er vom Absender zum Empfänger gelangt?
Schneide die Kärtchen aus und klebe sie in der richtigen Reihenfolge auf.

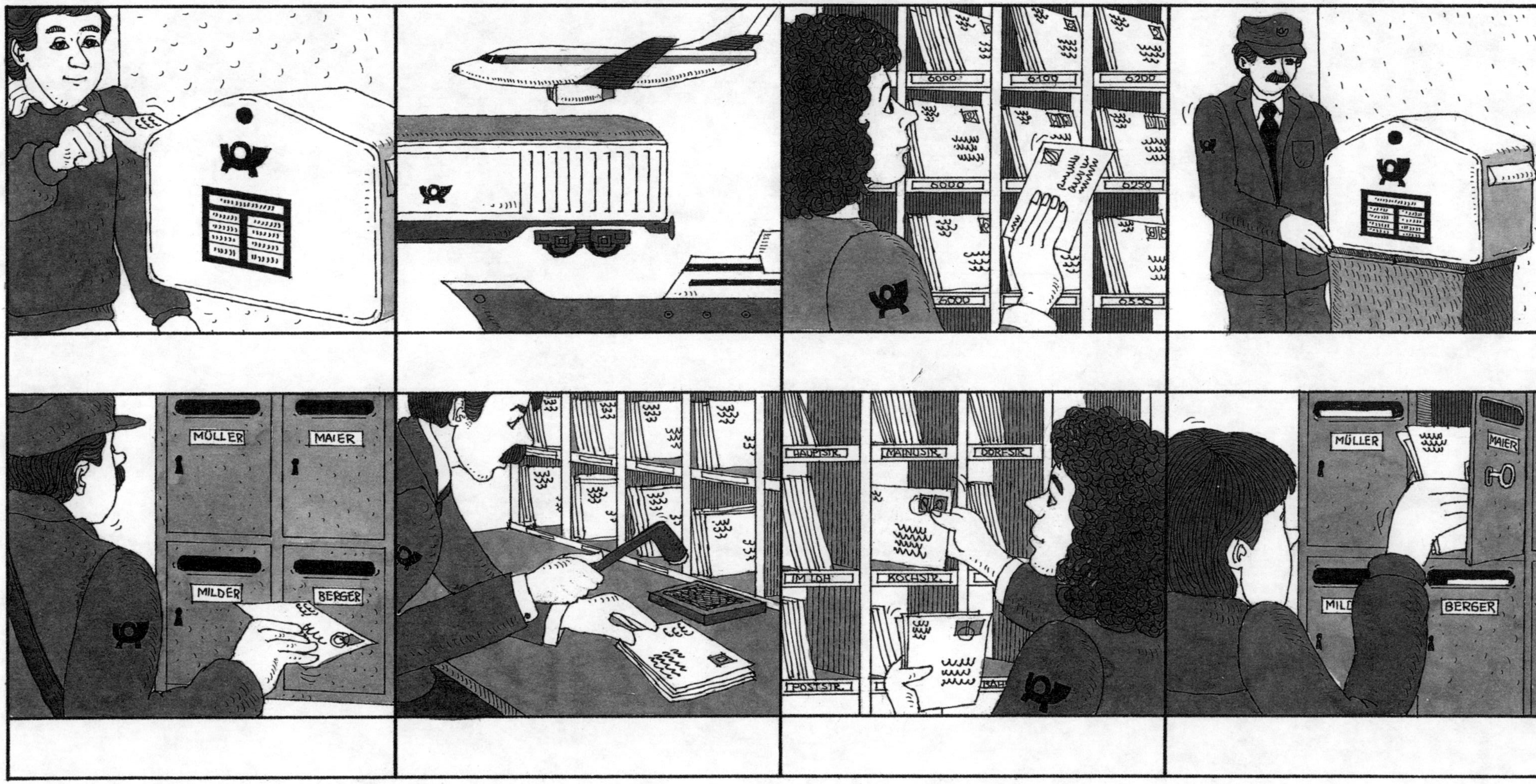

Ordne diese Wörter den Bildern zu.

befördern	Briefkasten leeren	stempeln
verteilen	verteilen	zustellen

Name: ______________________

Wir bauen Boote

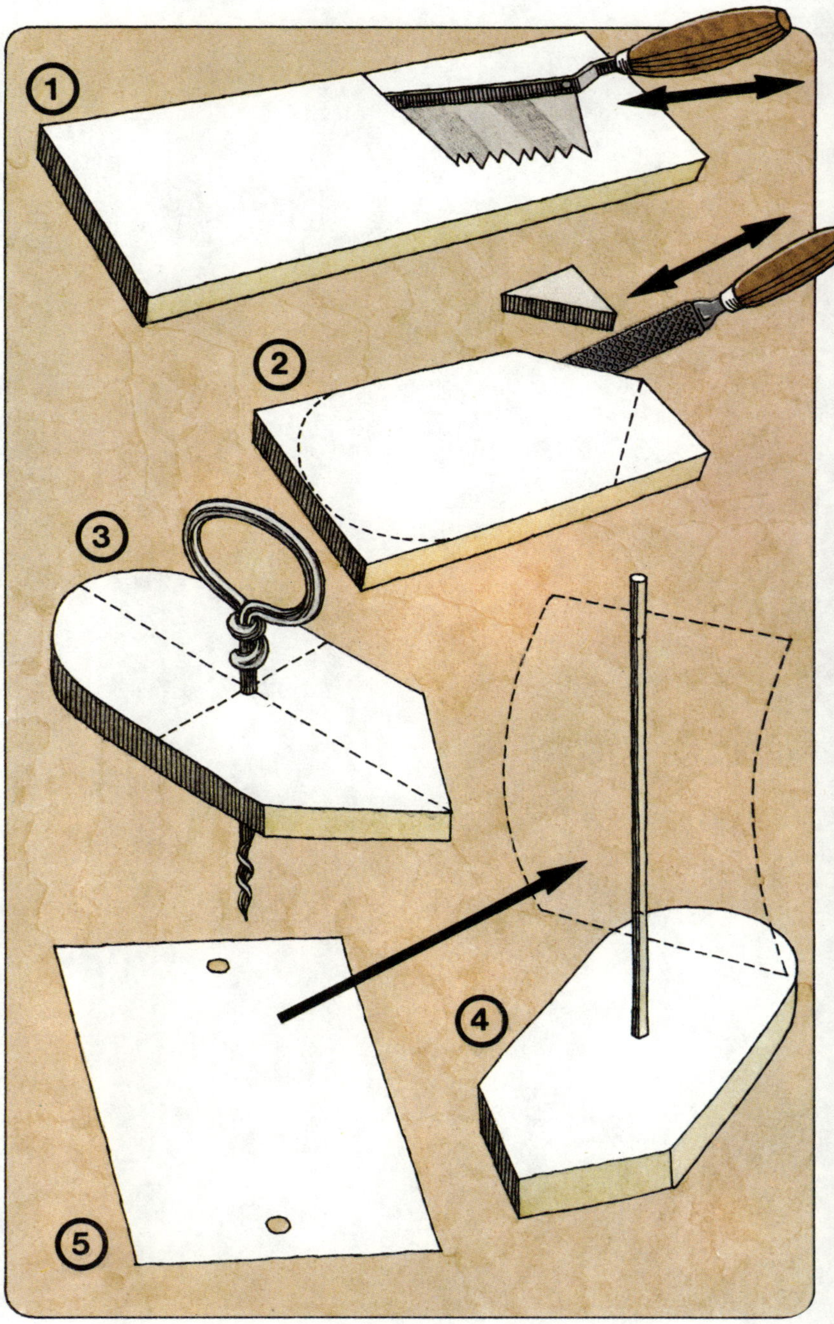

Wir messen die Zeit

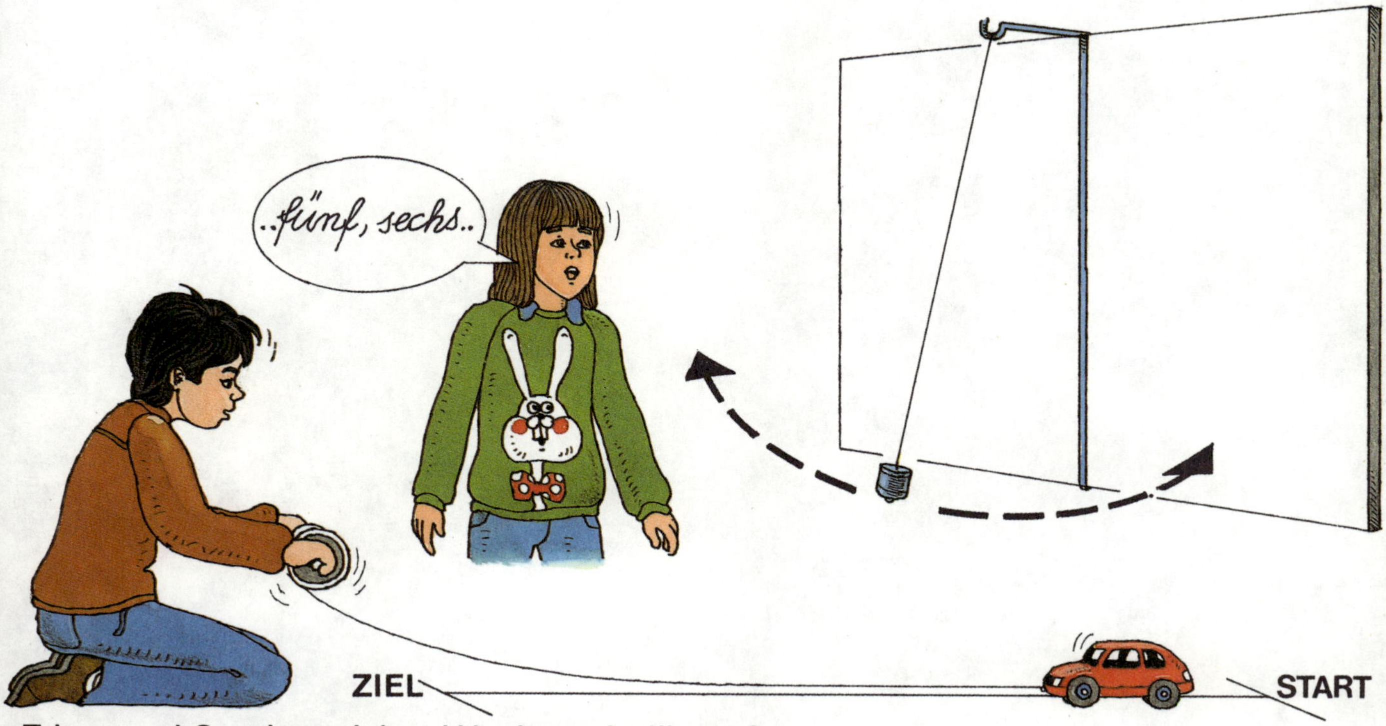

Erkan und Sandra spielen. Wer braucht länger?
Sie messen die Zeit mit einem selbstgebauten Gerät.

Damit könnt ihr die Zeit messen.

Name: ______________________ **AB 21**

Was könnt ihr in einer Minute tun?

Eine Minute dauert 60 Sekunden.

Wie lange brauchst du	geschätzt	gemessen
– wenn du einmal um das Schulhaus rennst?		
– wenn du von 100 rückwärts zählst?		
– wenn du zehn Wörter aufschreibst, die mit B oder b beginnen?		
– ________________________		
– ________________________		

zu AB 22

zu AB 25

Name: ______________________ **AB 22**

Im Tageslauf

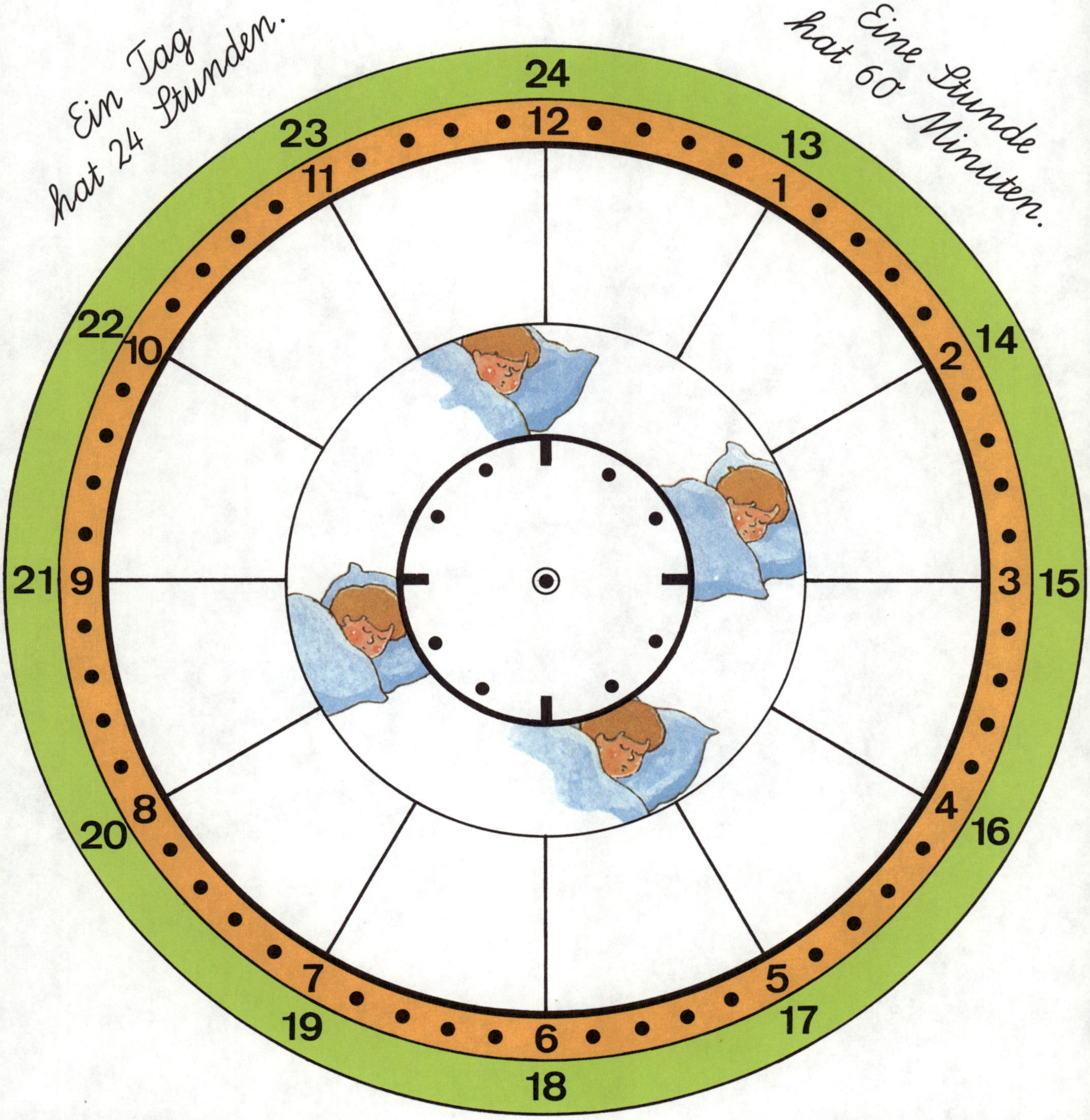

Schneide die Kärtchen von Seite II aus.

Befestige die Zeiger mit einer Musterklammer.

Was erlebt der Junge im Laufe des Tages?
Ordne und klebe ein.
Gilt dieser Tagesablauf für jeden Tag der Woche?

Was hast du gestern zu den verschiedenen Tageszeiten getan?

Name: ____________________ **AB 23**

Jahreszeiten und Monate

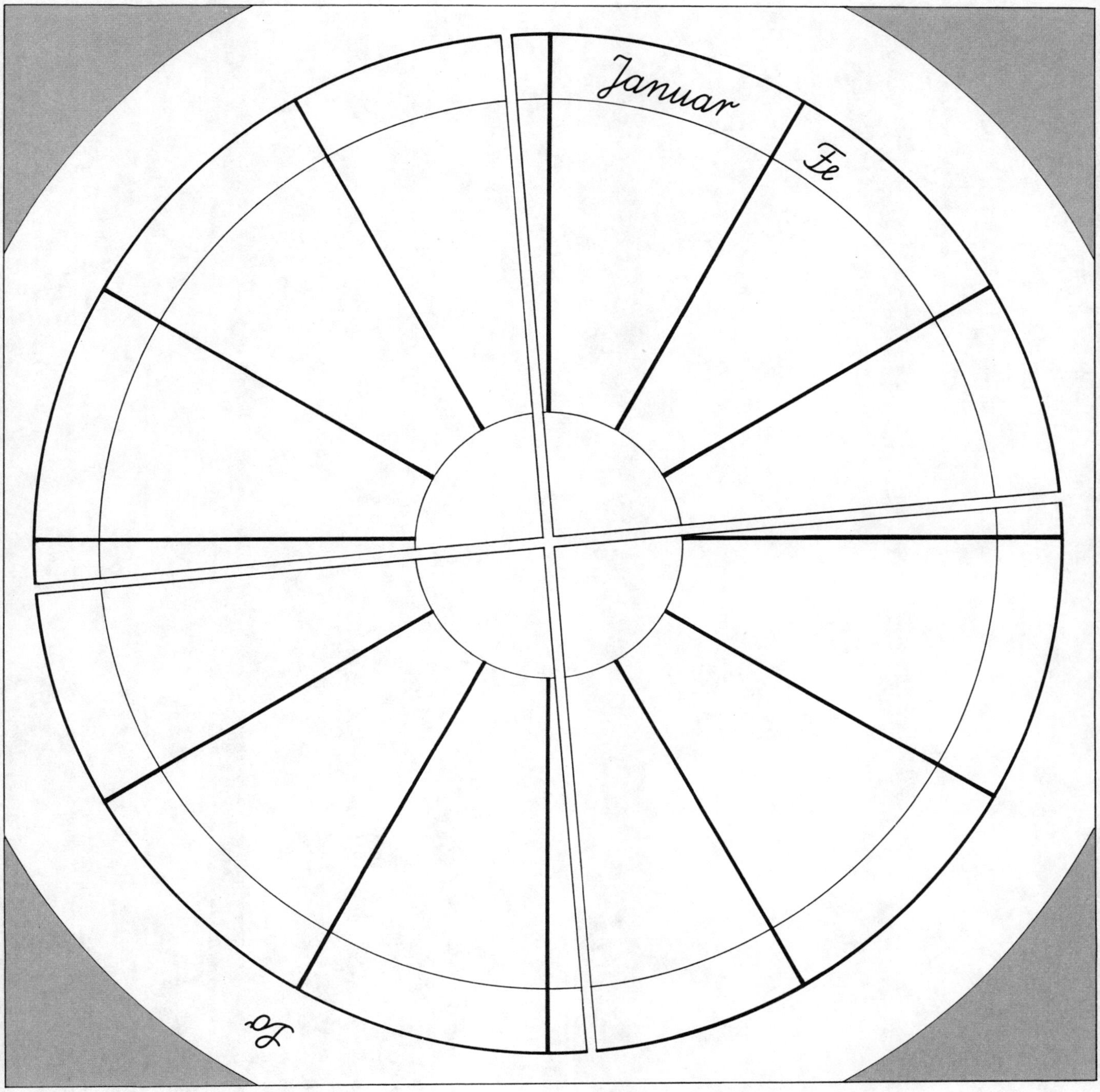

März, August, Dezember, Januar, Mai, Juli, November, Oktober, Februar, September, Juni, April
Frühling, Sommer, Herbst, Winter

Schreibe die Namen der Monate an die Felder des Kreises.
Trage in die Ecken die Jahreszeiten ein.

Überlege dir für jeden Monat ein einfaches Zeichen und male es in das Feld.
Denke dabei auch an Feste im Jahreslauf, Geburtstage . . .

Name: ______________________ **AB 24**

Frühling

März

A

Sommer

Herbst

Winter

Schneide die Bilder aus und ordne sie den Jahreszeiten zu.
Beachte, was sich bei Tieren und Pflanzen verändert.

Was denken die anderen Kinder?
Überklebe die Bilder mit den Kärtchen von Seite II.

Name: ______________

Vom Streiten und sich vertragen

So kann es zum Streit kommen.
Wie können die Kinder sich wieder vertragen?

Was kann ich tun?

- *es vergessen*
- *mit dem anderen sprechen*
- *mich entschuldigen*
- *miteinander spielen*
- *dem anderen helfen*
- *ihm etwas geben*
- *ihn trösten*
- *es wiedergutmachen*

Male die Fingerpuppen an.
Schneide sie aus und klebe die Streifen um deinen Finger.
Spiele mit deinem Nachbarn einige Streitfälle.
Überlegt, wie ihr euch einigen könnt.

Name: ______________________ **AB 27**

Ein Kind wird erwartet

Die ganze Familie bereitet sich auf die Geburt des Kindes vor. Was ist zu tun?

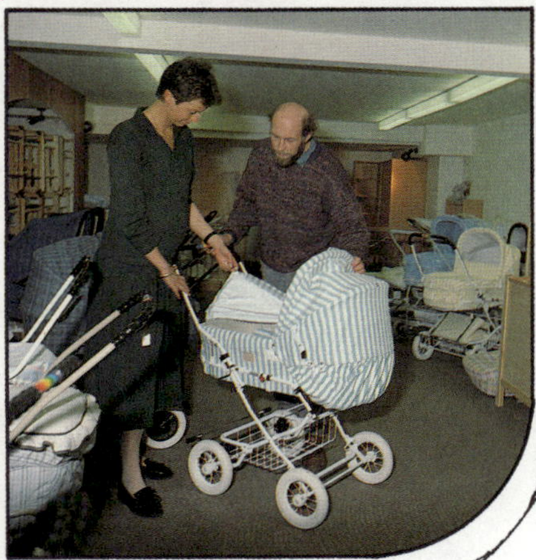

Wie bringen die Eltern ihre Freude über die Geburt des Kindes zum Ausdruck? Lies die Geburtsanzeigen in der Tageszeitung. Schneide einige aus und klebe sie in die Felder.

Ein Baby muß ernährt und gepflegt werden. Dazu benötigen die Eltern viele Sachen. Sammelt Bilder davon und klebt sie geordnet auf nach Nahrung, Kleidung, Körperpflege, Möbel und Geräte.

Name

Ein Kind wird erwartet

Die ganze Familie bereitet sich auf die Geburt des Kindes vor. Was ist zu tun?

Wie können die Eltern ihre Freunde über die Geburt des Kindes informieren? Lies die Geburtsanzeigen in der Zeitung. Schreibe eine [illegible] aus und klebe sie [illegible] Seite.

Ein Baby muss ernährt und gepflegt werden. Dazu benötigen die Eltern viele Sachen. Sammelt Bilder davon und klebt sie geordnet auf nach Nahrung, Kleidung, Körperpflege, Möbel und Geräte.

Ein Kind wächst heran

Vater und Mutter sorgen für das Kind.
Sie sind die ersten Lehrer.

Mutter und Vater sind für ihr Kind immer da.
Sie sind die besten Freunde.

Bald findet das Kind neue Freunde im Kindergarten und in der Schule. Braucht es nun Vater und Mutter nicht mehr?

Wie geht der „Film" wohl weiter?

Was kannst du schon allein? Schreibe auf.

Name: ____________________ **AB 29**

Junge – Mädchen, Vater – Mutter

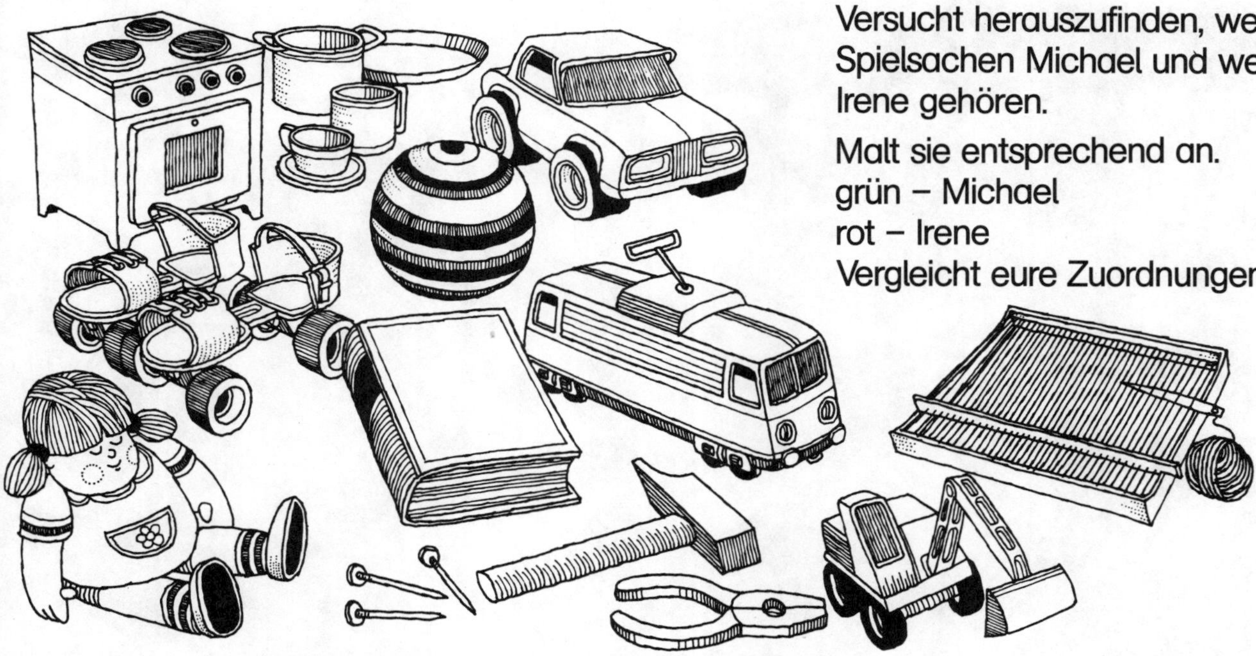

Versucht herauszufinden, welche Spielsachen Michael und welche Irene gehören.

Malt sie entsprechend an.
grün – Michael
rot – Irene
Vergleicht eure Zuordnungen.

Versucht die Personen, **Vater, Mutter, Irene, Michael** in den Text einzufügen.

Samstag nach dem Mittagessen:
„Ich brauche jemanden, der mir in der Küche hilft", sagt ______________.

„Das könnte ______________ übernehmen und später im Wohnzimmer Staub saugen."

„Dann kann ______________ mit mir in den Keller gehen, um das Regal anzubringen."

„Prima", ruft ______________, „darf ich dann mal mit der neuen Maschine bohren?"

„Gut", antwortet ______________, „hol mal gleich den Werkzeugkasten und die Schrauben."

Da sagt ______________: „Darf ich euch zuschauen, wenn ich ______________ in der Wohnung geholfen habe?"

Wie könnten die Tätigkeiten in der Familie anders verteilt werden?

Nicht nur im Haushalt gibt es eine Arbeitsteilung. Dies gilt auch für viele Berufe. Schreibt Berufe auf, die hauptsächlich von Männern oder Frauen ausgeübt werden.

Name: ______________________ AB 30

Was Bohnen zum Wachsen brauchen.

Mit diesen Sachen könnt ihr verschiedene Versuche machen. Führt sie in Gruppen durch.

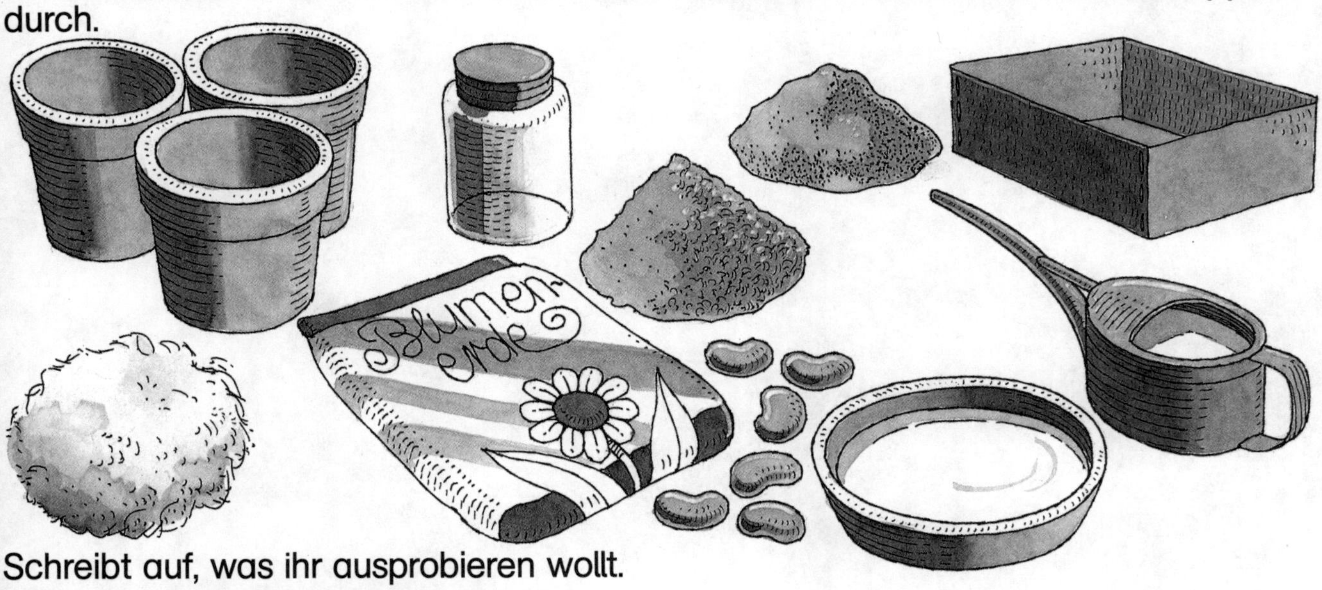

Schreibt auf, was ihr ausprobieren wollt.

Zeichnet eure Beobachtungen.

Versuch Nr. ______ ____

nach 2 Tagen	nach 5 Tagen
nach 9 Tagen	nach 2 Wochen
nach 3 Wochen	nach 4 Wochen

Vergleicht eure Ergebnisse.

Name: ________________ **AB 31**

Wir pflegen Tiere

Welches Tier möchtest du gerne haben? Male es an!

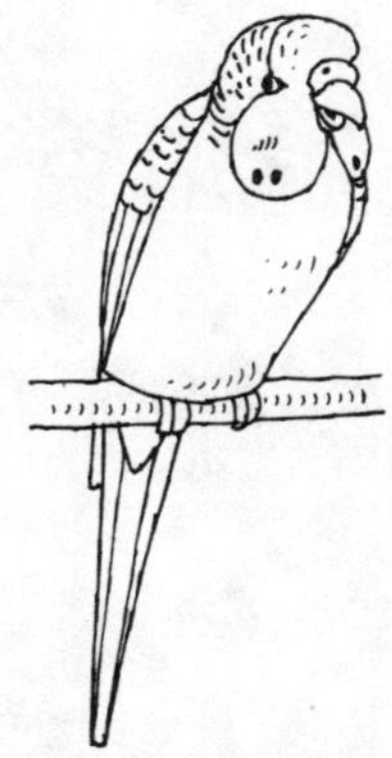

Bevor du ein Tier annimmst, mußt du über viele Fragen nachdenken.

– Wo kann es leben?	
– Welchen Platz braucht es?	
– Was frißt und trinkt es?	
– Wie muß es gepflegt werden?	
–	
–	

Überlegt, welches Tier ihr im Klassenzimmer halten könnt.
Verteilt vorher die Aufgaben.

Woche	füttern	saubermachen	sich beschäftigen	beobachten / aufschreiben
1.				
2.				

BIENEN GIFT
1. Sum, sum, sum,
Ei, wir tun
flieg nur aus
FISCH
HONIG
START
ZIEL
Polizei

Es regnet

Spielregel:
Schneide die Kärtchen auf dieser Seite aus und lege sie verdeckt auf das rote Feld. Setze deine Spielfigur auf ein gelbes Feld. Bis zu vier Spieler können mitspielen.
Nimm jetzt eine Karte auf und zeige sie deinen Mitspielern.

- Wenn der Gegenstand kein Wasser durchläßt, darfst du zwei Felder auf die Hütte zugehen.
- Wenn er mit der Zeit ein wenig Wasser durchläßt, darfst du ein Feld zur Hütte vorrücken.
- Wenn er dich vor dem Regen nicht schützt, mußt du um ein Feld zurück.

Wer ist zuerst in der Schutzhütte?

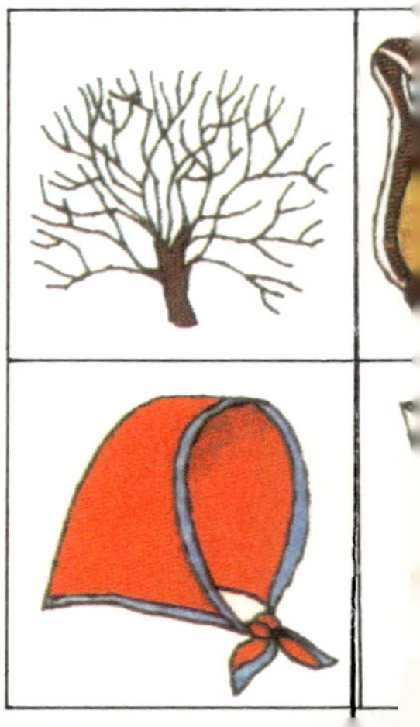

ZEITUNG

Ein Weg zur gesunden Ernährung

Das weiche Weißbrot esse ich am liebsten. Das dunkle Vollkornbrot ist mir zu hart.	Ein gut verpacktes Pausenbrot hält lange frisch.	Zum Frühstück eß ich süße Sachen, weil sie mir Freude machen.	Ganz schnell essen, damit ich länger spielen kann.
Zum Schulfrühstück ist etwas Obst sehr zu empfehlen.	Gut gekaut ist halb verdaut.	Vor der Schule esse ich nichts, damit ich länger schlafen kann.	Ohne richt'ges Essen, Trinken hat der Mensch kein Wohlbefinden, denn wer lernen will muß essen, darf auch nicht die Milch vergessen.
Ich esse jeden Morgen eine halbe Tafel Schokolade. Das macht kräftig und stark.	Vor dem Schulfrühstück lege ich eine Serviette auf den Tisch.	Vor und nach dem Essen Händewaschen nicht vergessen.	Wer zum ersten Frühstück wenig ißt, braucht in der Pause mehr.
Mein erstes Frühstück esse ich meist unterwegs. Zu Hause habe ich dafür keine Zeit.	Zum Frühstück in der Schule sollten wir uns Zeit lassen.	Ich kaufe mir mein Pausenbrot selbst. Da suche ich mir beim Bäcker süße Sachen aus.	Brotsorten aus vollem Korn sättigen lange. Sie enthalten viele wichtige Nährstoffe.
Weil der Unterricht oft so anstrengend ist, brauche ich ein kräftiges Frühstück.	Ich bin jeden Morgen gespannt, was mir meine Mutter zum Frühstück eingepackt hat. Sie wechselt oft ab.	Nach dem Essen putze ich meine Zähne.	Mutter gibt mir 50 Pf. Ich spare sie und verzichte auf das Schulfrühstück.

Lies die Sätze durch und überlege, welche deiner Gesundheit zugute kommen und welche dir schaden.
Klebe diese Seite auf Karton und schneide die Kärtchen aus.
Die Spielregel und den Spielplan findest du auf AB 11.